La Plume du joueur

Jean-Louis Akpa Akpro

La Plume du joueur

poésie

Fougue
Éditions

Je tiens à remercier Mahtab Ashraf, mon éditrice, pour la touche finale du livre. Si elle avait été un joueur je l'aurais appelé Zidane pour sa touche technique et ses conseils très précieux.

Table des matières

CHAPITRE 3

CHAPITRE 4

CHAPITRE 5

CHAPITRE 6

SUSPECT IDÉAL/ *USUAL SUSPECT* LA FILLE PARTIE */GIRL GONE* MÉMOIRE/ MEMORIES LA RUE/ STREET

REMERCIEMENTS

Chapitre I

Le Toucher de la plume

CE DONT JE NE PARLERAI PAS

Je ne te parlerai pas d'argent Ami de Satan
Je ne lui donne pas mon temps
Je ne te parlerai pas de ghetto
Car entre fréro
On se plante des couteaux dans le dos
Je ne te parlerai pas de politique
Ils ont mis nos pays dans des états critiques
Je ne te parlerai pas d'adultère
Je me dois de me taire
Je ne te parlerai pas des racistes
Je les ai rayés de ma liste
Je ne te parlerai pas des pédophiles
Ils sont tous pendus à un fil
Je ne te parlerai pas des criminels
Que l'on appelle faussement des colonels
Je ne te parlerai pas de drogue
Je n'aimerais pas te voir finir à la morgue
Je ne te parlerai pas de crime
Ce n'est pas bon pour la rime
Je ne te parlerai pas de pouvoir
Car je préfère le savoir
Ce dont je ne te parlerai pas
C'est la lutte de mon combat
Je préfère que l'on me parle des cieux
Et de mon Dieu.

L'ESPION ESPIONNÉ

C'est l'histoire d'un espion
Qui se fait espionner
L'espion est devenu un pion
Un pion qu'on a manipulé
Le cercle est vicieux
Le vicieux s'est fait avoir
Il a été audacieux
L'audacieux voulait prendre le pouvoir
Dans la vie, il y a toujours une plus maligne que soi
Ça va de soi d'être vigilant
Je reste vigilant, je prends soin de moi
Car il y a toujours un par-ci et par-là,
qui t'attend au tournant.

COSTARD-CRAVATE

Sur l’échiquier,
Les pions sont manipulés
Les tours sont gardées
Par les chevaliers
Rendant compte aux fous
Qui cachent l’argent dans leurs dessous
La Dame et le Roi
Dictent leur loi
Chacun se reconnaîtra dans son échelle
On sait qui tire les ficelles
Les costards, cravates
Nous mettent tous échec et mat

LE DOIGT SUR LA DÉTENTE

J'ai de la haine
Car j ai perdu ma pudeur
L'odeur de son haleine
Me ronge de l'intérieur
Le pistolet sur ma tempe
Le doigt sur la détente
Je me sens prêt à passer le cap
Souvent ça me tente
Je ne suis pas folle
J'ai été victime d'un viol
Les habits déchirés
J'ai perdu ma virginité
Non pardon j'ai perdu ma fierté
Ce salaud m'a cassée
J'ai honte
Ce souvenir me remonte
Je souffre à chaque rapport
La souffrance me dévore
Une partie d'elle est morte
J'ai barricadé cette porte
Je n'en parle pas je le chuchote
Pendant longtemps j'ai cru que c'était ma faute
A chaque battement de cœur
Je ressens de la peur, de la terreur
Mes sœurs
Partageons cette douleur
Seule toi me comprendras
Ne te cache plus sous ton drap
Saches que tu n'es pas seule
Entraînons-nous à faire notre deuil.

LE FRUIT DE LA NUIT

Sous son jupon
De l’eau a coulé sous les ponts
Elle devient une vide ordure
À l’arrière de cette voiture
Esclave de la nuit
On mange son fruit
Sa peau devient sèche
Et elle en perd la pêche
On lui avait promis une autre vie
En venant ici
Mais elle a son trône sur le trottoir
Elle est la reine du soir
J’ai du respect pour toi, même si tu as fait ce choix
Car je ne sais pas ce qui t’a poussée dans cette voie
Il est très facile de blâmer
Mais personne ne sait vraiment dans quel pétrin tu t’es embarquée.

ESCLAVE DE L'ARGENT

Dans ce monde, nous ne sommes qu'une trace
Comme des coups de fouets
Rien ne s'efface
Le passé reste gravé
On cueille notre coton
Dans les champs
On paye nos maisons
Avec cet argent
Nous sommes tous des esclaves
Esclaves de son odeur
On se doit d'être brave
Malgré notre couleur
Le maître a sa tête sur tous nos papiers
Ce papier est notre cash
Il nous donne à manger
Pour cela, l'esclave se tue à la tâche.

FACE A MON HANDICAP

Je les vois courir
Je les envie
Je ne leur souhaite pas le pire
Je me demande pourquoi
Dieu m'a puni
Je suis né avec une malformation
Je roule en fauteuil roulant
Personne ne m'a dit la vraie raison
Je voudrais voler comme Peter pan
Mon plus grand rêve
Est de poser mon pied à terre
Ce challenge il faut que je le relève
Je rendrai ma famille fière
Mes parents m'ont toujours soutenu
Je ne sens pas mes jambes mais
Ils me tiennent debout
Si j'évite tous les coups de massue
C'est grâce à vous
Avec leur soutien
J'ai la joie de vivre
Ne lâchez pas ma main
Car j'ai un défit à atteindre.

THÉO

L’une des missions du
policier Est de nous protéger
Comme partout
Il y a les bons et les ripoux
Ne confonds pas celui qui fait son travail
Et celui qui va nous prendre pour du bétail
Malheureusement pour Théo
Il peut nous en glisser un mot
Ses fesses ont été fissurées
Désormais il sait reconnaître le bon grain de l’ivraie
Sur lui, les ripoux sont passés à l’attaque
Ils ont utilisé une matraque
Je voudrais que justice soit faite
Même si je sais qu’elle n’est pas parfaite
Que l’on soit bien clair, je n’incite personne à la haine
C’est juste que pour Théo, j’ai beaucoup de peine.

CHEICK TIOTÉ

La plume du joueur rend un hommage à Cheick
Tioté Sur le terrain le vent l'a emporté
Personne ne connaît son heure
Dieu l'a appelé à venir le rejoindre dans sa
demeure Dieu lui a permis de vivre de sa passion
Il restera pour nous un grand champion
Belle et triste peut être la vie
On pleure et on sourit
On va garder une belle image de lui
Son étoile va briller de jour comme de nuit
La plume rend hommage à ce grand joueur
C'est pour cela qu'elle pleure
Elle a pris son encre noire
Pour lui dire au revoir…
Mais la plume sait, qu'il est dans la lumière
Alors Cheick, illumine de là-haut le chemin de tes frères
Soit leur ange gardien
Tu resteras un très grand milieu de terrain.

CHAPOCOENSE, en votre mémoire

C'est bouleversant
Emportés par le vent
Ils devaient jouer la finale
Mais leur fin a été brutale,
Ça devait être un jour de gloire
Mais ça sera un jour en leur mémoire
Ils pensaient fêter leur victoire
Désormais leurs noms sont gravés dans l'Histoire
Ils voulaient être des héros
Ils le seront j'espère là-haut
On va fleurir leurs tombes
Ils s'envoleront comme des colombes
Mais avant leur envol, ils voulaient réaliser un souhait
Jouer la finale et la gagner
C'est triste mais c'est à leurs funérailles
Qu'on leur remettra leurs médailles
La vie en a voulu ainsi
Pour eux, je vais allumer une bougie.

POLITIQUEMENT INCORRECT

Lève ton doigt en l'air
Si tu en as marre de ce système
Lève ton doigt en l'air
Si tu baignes dans les problèmes
Nous sommes des millions en détresse
D'être pris pour des cons
Et de vous voir fumer le cigare
Les pieds sur la table
Les mains derrière la tête
Tu es bien à l'aise
Et nous on mange tes miettes
Tu ne tiens aucune de tes promesses
Tu manges notre pain
Tu te torches les fesses
Avec nos gains
Tu vas faire la guerre
Avec l'argent que tu nous taxes
Le peuple est en colère
Et toi tu es relax
On doit avouer que ça ne doit pas être facile
De gouverner des milliers de civils
Mais arrête de nous mentir regarde maintenant
On sert de martyr pour ces ignorants
Votre politique est incorrecte
Tu crées la haine
C'est le peuple que ça affecte
Ça fait vraiment de la peine.

LE MONSTRE DE LA NATION

Le monstre de la nation
Manipule les petits garçons
Le monstre de la nation
Fait de ses garçons des pions
Pendant une guerre civile
Les rebelles vont dans toutes les villes
Pour semer la terreur
Tout le monde en a peur
Ils kidnappent les enfants
Et en font des soldats pour aller aux champs
Les pays occidentaux
Sont derrière ce fléau
Ils ferment les yeux
Pour des biens précieux
J'ai honte
Ça me remonte
J'ouvre ma gueule
Mais je me sens seul
Seul avec ma conscience
Face à leur puissance
Mon cœur saigne
Et eux règnent
La couronne sur la tête
Sur cette planète
C'est la loi du plus fort
Et je me battrai jusqu'à ma mort
Pour défendre les droits de ces enfants
Pour que Dieu puisse leur donner d'autres parents.

COCAINE

Ne confonds pas la Cocaïne
Avec de la farine
C'est comme une épine
Qui rentre dans tes narines
Ton corps se déhanche
Voici ce que déclenche
Une avalanche
De poudre blanche
Ça a un effet horrible
On se sent invincible
Alors que ce produit
Nous détruit
Je ne te parle même pas de l'héroïne
Tu penses qu'elle est ta meilleure copine
Alors qu'elle te piège
Dans son sortilège
Reste loin de ces conneries
C'est un poison qui te pourrit.

LES MAINS SALES

On a les mains noires charbon
Même avec du savon
Leur couleur reste pale
Dans les rues on fait du sale
Avec nos têtes cramées
On a choisi de dealer
On marche en bande
On fait même de la contrebande
Pas fier du palmarès
Mais mes billets verts me permettent de conduire
de grosses caisses
On dépense notre argent dans les boîtes de nuit
On aime faire du bruit
Mais la rue nous rattrape
C'est pas comme dans les textes de rap
On prend de lourdes peines
Impossible de se défaire de nos chaînes
Quand on ressort
On recommence encore
J'ai beau nettoyer mes mains au savon
Mais leur couleur reste charbon.

ENFANTS D'IMMIGRÉS

Elle a traversé les frontières
Pour une nouvelle terre
Sans papier
On l'a cataloguée comme une immigrée
Grâce à la nationalité de ses enfants
Elle a obtenu la carte du blanc
Quand on vit en Afrique on pense que la France
est extraordinaire
Mais tu te trompes bienvenue dans une autre galère
Moïse,
N'a jamais dit que c'était la terre promise
Entassés dans les HLM
Tu découvres la France et ses problèmes
Tu t'es battue pour un bout de papier
Pour une carte d'identité
Pour vivre ici en paix
Tu as dû fuir ton pays
Pour épouser l'Europe
Mais une fois ici tu réalises la divorce
Qu'en Afrique il y en avait assez pour être heureux
Que l'Europe n'était autre qu'une passion avant la
dépression
Quand l'Afrique te protégeait dans sa compassion
Bienvenue alors en France
Ce pays dont tu rêvais depuis ton enfance.

FEMME D’AFRIQUE

Elle a grandi les pieds dans le sable
Elle nous a appris à nous tenir à table
Ma femme d’Afrique
Est ma marque de fabrique
On lui doit beaucoup de respect
Elle s’est battue pour sa liberté
Ma femme d’Afrique est devenue princesse
de son village
Dès son plus jeune âge
Elle est devenue la reine
De mon vaisseau mère
Et a pris pour capitaine Mon père
Elle a traversé toute seule l’océan Atlantique
Personne ne pourra la remplacer car elle est unique
Je te remercie pour tout, Maman,
Je suis fier d’être ton enfant.

COSTARD

Les costards-cravates,
Qui nous ont mis en échec et mate
Se sont fait dépasser par les pions
Qui ont retenu la leçon
Les pions sont devenus fou
À tel point qu'ils cassent tout
Les costards cravates devront changer de discours
Car les pions commencent à casser les tours
Et attaquer les chevaliers
Qui obéissent aux ordres que leur ont donné
Le roi et sa dame
Assistent à ce drame
Leur jeu d'échec
Est en train de tomber à l'échec
Car la partie s'est resserrée
Depuis que les gilets jaunes ont décidé de
Manifester.

LA PLUME DE PICASSO

J'ai trempé mon pinceau
Dans un trou que j'ai fait dans ma peau
Car je dessine tous mes tableaux
En tremblant de sanglots
Tout ce que je dessine est réel
La vérité se décèle
Dans tout ce que je révèle
Car la vie a fait de moi un très bon élève Je
dessine avec l'encre d'amour,de peine et de joie
Je dessine avec ton encre qui se mélange en moi
Je dessine pour moi et pour toi
Car je suis un homme de foi.

VILLE ZOMBIE

Les villes sont désertes
Le monde va t-il à sa perte
Sommes-nous dans le scénario de *Résident Evil*
Le virus se mute dans toutes nos villes
Je vais peut-être loin dans mes propos
Mais j'ai l'impression que l'on nous mange le cerveau
Ce n'est que mon avis personnel
Je ne prétends pas que tout ce que je dis est formel
Mais il y a tant de questions qui me bouleversent :
Comment veux-tu que la nuit je me repose ?
La société va-t-elle faire de moi un zombie ?
Ou c'est réellement ce que l'on vit ?
Un message poétique qui réveille
Pour toucher les consciences des éveillés.

L'INJUSTICE

C'est avec mon pistolet chargé
Que je vais m'engager
Je n'aime pas les prises d'oppositions
Mais dans ce cas là je connais ma position
J'ai chargé mon chargeur
Pour tirer des balles provenant de mon cœur
La couleur de mon sang apparait sur mon œil
J'essuie mes larmes de sang pour faire le deuil
Si tu me vois avec un œil rouge
Sache que je suis prêt à faire en sorte que les choses bougent
Je veux pas tirer des balles à blanc
Ma sagesse s'est confondue avec mes sentiments
Je ne fais pas un appel à la haine
Mais je voudrais qu'on affronte ensemble toutes les hyènes
Elles sont partout dans notre système
Elles sont à la base de nos problèmes
Alors malgré tout je fais quand même appel à la police
Car une part de moi croit encore en la justice.

LA LOI DU PLUS FORT

Une 3ème guerre mondiale ?
Qui va se faire avoir au final ?
Nous bien sûr les citoyens Et pas les politiciens
Qui va prendre les armes ?
Quelles sont les femmes qui vont se vider de leurs
larmes ?
La réponse on la connait déjà
C'est nous qui irons au combat
Pour ma part, je m'en fous de vos conflits d'intérêts
Je veux juste vivre en paix
Alors je rêve toujours d'un monde meilleur
Je suis un très grand rêveur
Perdu dans la réalité
Qui nous a tous aveuglé
Aller tous vous faire foutre
Et rappelez tous vos troupes.

CORONA

La situation est-elle dramatique ?
Ou simplement politique ?
Nous sommes esclave des lois !
Et nous perdons nos droits !
Alors qu'elles sont censées nous avantager
Je pense qu'on se fait abuser
Pardonnez-moi ma grammaire
Mais on ne vit plus au temps de Molière
Ma liberté n'est pas une expression
Mais une vision
Une plume fine ajustée
Pour faire passer des messages en versets " on nous prend pour des cons "
Ou simplement il faut vraiment faire attention
Les mesures de sécurité ne sont elles pas assez
De toute façon on a tous un doigt coincé
Le gouvernement sait ou l'enfoncer
Dans un sacré merdier

BATTRE LE CANCER

J'écris pour toucher les cœurs
J'écris pour combattre certaines tumeurs
Celles qui agissent sur nos humeurs
Et nous empêchent d'atteindre notre bonheur
Cette personne m'a écrit en pleurs
Car à travers mes poèmes elle y voit une lueur
Je ne laisserai jamais tomber mes lecteurs
Car je serai toujours vecteur
D'un message d'amour que j'écris avec l'encre "de mon cœur"
Qui est connecté à l'esprit du Seigneur.

Chapitre 2

Tactiques poétiques

L’ORIGINE DE LA PLUME

Je suis un homme à part
Tu le vois dans mon regard
Derrière un homme se cache toujours une femme
Mais derrière moi se cache une grande âme
N’essaies pas de me comprendre
Car je vais encore te surprendre
J’ai plus d’un tour dans mon sac
Je me bats contre l’esprit démoniaque
La Plume essaie d’être divine
Voilà d’où vient son origine
Elle veut t’apporter un peu de lumière
Avant que tu ne résides au cimetière.

LA PLUME ET LE JOUEUR

La Plume s’est mariée au joueur
Le joueur l’amène partout avec lui
Dans sa vie, la plume lui a amené de la lueur
C’est pour ça qu’il écrit
Sur le terrain, j’écris tous les jours une nouvelle page
Sur mon cahier, je joue avec les mots et les images
L’écriture est mon dopage
Qui apaise mon esprit et mon âme
Si tu me contrôles je serais positif
Et ça je l’assume
Car je suis créatif.

MON SPORT

Mon sport
Fut un grand support
Il ouvre des portes
Beaucoup de jeunes s'en sortent
Tous les samedis
Dans l'après-midi
On courrait après le ballon
Il a pris du gallon
Jamais je n’aurais pensé
Que ça allait me donner à manger
Mon sport
Que j’adore
Tu restes une passion
Je reste ton garçon.

DÉFAITE

Je ne suis pas dans mon assiette
Mais je digère la défaite
Je ne tourne pas le dos de la cuillère
Même si je déteste ce mot dans mon vocabulaire
Tu dois l'admettre
La digérer
Et apprendre de tes erreurs
Car tu seras un vainqueur
Je n'ai pas peur de me planter
Je ne vis pas dans le regret
Je le raye de ma liste
Ce mot défaitiste
Je suis plus fort que la douleur
C'est pour ça que je suis footballeur.

L’ANCIENNE ÉPOQUE

Aujourd’hui je t’évoque
Mon ancienne époque
L’amour fut réciproque
Du goudron au gazon
Du City Stade
À de vrais stades
Mon compagnon
Reste ce ballon rond
Je lui ai tant donné
Il m’a tant apporté
Des cicatrices
En temps de crise
J’ai mis des pansements
Soigné par le temps
Des disputes aux coups de pute
Je suis quand même arrivé à marquer des buts !

LA RUE

Ne glorifie pas la rue
Connais-tu vraiment son vécu?
On en garde un bon souvenir
Mais on assiste au pire
Les murs chuchotent
Les bancs sont nos potes
Nos semelles sont noires goudron
Car on va au charbon
On est à la recherche du trésor
Mais dans la cité il n'y a pas d'or
On se bat pour un territoire
Pour être les princes du square
On court après les meufs
On se fait attraper par les keufs
Tous les jours
On vit à l'ombre des tours
Nous sommes devenus des prisonniers
Et on essaie de s'évader
Mais la rue est dans notre sang
On ne sait pas faire semblant
Tu as beau l'avoir quitté
Mais tu y remettras un pied.

ÉTAT D'IVRESSE

En état d'ivresse
J ai fait un excès de vitesse
Sur l'autoroute 13
Moi qui pensais avoir pris le bon trajet
Tout aveuglé Par sa beauté
Le doux son de ses mots enchantés
Le tintement de ses rires amusés
C'est à une station essence
Que j ai réalisé que j'étais dans le mauvais sens
A court d'argent et de pétrole
Ça m'a fait vraiment drôle
D'être dans le mauvais rôle
De la voir soudain partir faire du stop
Et monter dans la voiture d'un pote
Plus rien en poche
Elle est passée d'une Mercedes à une Porsche
Moi qui étais en état d'ivresse
Noyé dans mes rêveries et son ombre
Je suis redevenu soudain sobre
J'ai décidé de changer de monture
Et aussi d'allure
Pour une route désormais beaucoup plus sûre.

MON VENT D'AUTOMNE

C'est le retour du vent d'automne
Mon encre redevient jaune
J'ai jeté mes feuilles en l'air
Elles sont maintenant toutes à terre
Le vent les a emportées
Elles se sont déposées sur le sol mouillé
C'est pour ça que ma plume pleure,
Regarde les arbres en perdent leurs couleurs
Une nouvelle saison commence
J'attends mon printemps avec impatience
Car mon stylo est mélancolique
La pluie d'automne l'a rendue alcoolique
C'est pour ses raisons que je sors couvert
Car je ne veux pas me faire surprendre par l'hiver
Après avoir écrit je remets la plume dans son bouchon
Car au chaud elle pourrait me faire changer de saison.

HOMME DE CONFIANCE

Ne prends pas mon assurance
Pour de l'arrogance
Car ma plus grande richesse
Est ma sagesse
Je me tiens toujours droit
Car je suis un homme de foi
Ne te fies pas à mon apparence
Car je suis un homme de confiance
J'arrive à donner de la valeur
A ceux qui vivent dans la douleur
Car en lisant la Bible
J'ai appris à être tolérant et compréhensif.

ORPHELIN 2

Enfant de la rue
Enfant perdu Livré à toi-même
Tu restes un fils de Jérusalem
L'espoir fait vivre
Continue à le poursuivre !
C'est cela qui te maintient en vie
Et la raison pour laquelle tu survis
Tu n'es pas un rat errant
Tu es notre enfant
Un enfant qu'on a oublié
Mais pas abandonné
En vivant avec le couteau sous la gorge
La vie te forgera en un homme
Tu deviendras ton propre père et ta propre mère
Tu deviendras un exemple pour tous tes frères
Ils verront que les enfants de rue
Ne sont pas tous complètement perdus.

LA POÉSIE

L'art de la poésie
Ne réside pas que dans les rimes
Le sens de la poésie
Est dans la façon dont le poète s'exprime
J'ai privilégié les rimes
Et délaissé la forme fixe
Car je suis encore en intérim
Et ne maîtrise pas cet art sublime
L'artiste est sensible et imaginatif
Ne cherche qu'à mettre en mots ses passifs à la vie
La Plume va utiliser toutes ses tactiques
Pour que les mots trouvent leur sens et toute leur emprise
Il puise son art de sa passion et de ses blessures
Peu importe de mélanger le slam et le pantoum
Penses-tu qu'il a raison
Bah, sinon tant pis : il est
Maître de ses décisions.

MA RÉALITÉ

Pour voir mes rêves
Je suis obligé de dormir avec mes lunettes
Pour être honnête
Je pense que c'est la faute d'Adam et d’Ève
Ma réalité est un cauchemar
Je voudrais être aveugle pour voir que du noir
Mais ma mère m'a dit de garder espoir
Car dans la vie rien n'arrive par hasard.

FOOTBALLEUR

On croit que nous sommes invincibles
Alors que nous sommes très sensibles
Crois-moi la notoriété
C'est le cauchemar du succès
En haut de la montagne
On fait couler le champagne
Une fois en bas
Il faut qu'on la regagne
C'est ce que beaucoup d'entre nous pense
Alors qu'il est mieux de vivre dans le silence
Fais-toi petit
Quand tu grandis
Humilité d'un homme
C'est de régner sur son royaume
Dans toutes les circonstances
Sache que ton statut de joueur aura peu d'importance
Si tu ne sais pas qui tu es
Les valeurs, elles resteront à jamais niées.

LES MOTS DANS LE CHAMPAGNE

Je me suis saisi de cette bouteille
Depuis plus rien n'est pareil
J'ai des mots qui pétillent
Et tes larmes submergent tes pupilles
A force de boire mes mots, je suis devenu ivre
Tellement que je vais en faire un livre
Je bois sans être saoulé
Je déborde d'idées
Je suis un poète alcoolique
Qui vomit des poèmes avec un bic
Mes versets coulent comme du champagne
Et pourtant j'ai pas atteint le sommet de ma montagne

Chapitre 3

Le tacle du cœur

DÉCLARATION

L'amour c'est le partage
Accepte ma demande en mariage
Donne-moi ma dulcinée ta main
Je ne veux plus attendre jusqu'à demain
Déjà quatre ans
Qu'est-ce qu'on attend?
Plus de questions à se poser
On n'a juste qu'à y foncer
Je veux m'endormir à tes côtés
Te faire le petit déjeuner
Partager ta joie et ta peine
En gros je veux que tu sois à moi
Garde ton prénom
Mais portes mon nom
Deviens ma femme
Prends ton statut de Madame
Construisons notre famille
Cassons des coquilles
Car je veux des petits
Dans notre nid.

MA DÉFINITION DE L'UNION

On connaît les défauts et qualités de chacun
On se mélange pour ne former qu'un
C'est l'amour qui dit le dernier mot
Un mélange de mauvais et de bon
Voici comment je décris notre relation
Rien n'est parfait mais on forme un couple mignon
J'appelle ça la beauté de l'amour
Elle se construit tous les jours
Un amour qui ne cesse de grandir
Un amour à n'en plus finir
Un amour réciproque
Un amour que j'éprouve pour toi
Je t'ai fait part de ma vision, de mon sentiment
De ce que représente le mot union pour moi.

PROJECTEUR

On avait projeté nos projets dans un projecteur
Les images étaient si drôles
Il n'y avait pas une seule ombre
Jusqu'à ce que le projecteur se fige
La réalité fait alors surface
Et toutes ces belles images
Finissent brisées comme de la glace
Et tu réalises que c'est la fin de notre voyage
À quoi bon se projeter alors
Je ne perds pourtant pas espoir
Une fois sur deux le projecteur est cassé
Un jour où l'autre notre amour sera du grand Art.

NOTRE VASE

Une autre épreuve de la vie
Où je ressors grandi
Elle a décidé de jeter notre vase
Il s'est brisé comme de la glace
Et mon rêve est devenu un cauchemar
Mais grâce à elle, j'ai pu prendre un nouveau départ
Aujourd'hui elle veut recoller les morceaux
Mais moi je préfère repartir à zéro
Le vase est maintenant brisé
Je la laisse dans les regrets
J'ai pris un nouveau chemin
Le jour où notre relation a pris fin
Maintenant elle sait que la vie n'est pas un jeu
Mais son cœur a déjà été jeté au feu
Dieu m'a permis de vite guérir
C'est pour ça que j'ai le sourire.

L'AMOUR AVEC CONTRACEPTION

Contre l'amour il n'y a pas moyen de protection
Parfois ça capote
Car tu oublies la pilule
C'est pas seulement un fœtus que tu tues
Mais ma future progéniture
Qui vivait dans mon rêve
Pour m'épanouir et me rendre fier
Sans voir arriver l'épreuve
Et l'inconsolable douleur
Je t'avais mis au milieu
J'ai perdu mon centre
Le jour où tu m'as dit adieu
Mais après j'ai remercié Dieu
La peine se soulage avec
Les minutes et les heures
Qui comme un baume au cœur
Permettent de voir mieux l'horizon.

MON AMOUR CACHÉ

Je ne suis jamais à court d'amour
Mon cœur en déborde
Même si les sujets que j'aborde
Peuvent être sombre
Je les écris en nombre
Derrière chaque lettre
Se cache une partie de ton être
Derrière chaque point
Se cache un témoin
Derrière chaque ligne
Se cache un signe
Derrière chaque poème
Se cache toi que j'aime.

L'INCROYABLE HISTOIRE DE DJAMILA

L'improbable a été probable
Qui aurait pu imaginer cela
Je vais te raconter une histoire incroyable
Celle de Djamila
C'était une femme heureuse qui devait venir en
France
Retrouver son mari et ses enfants
Prendre le large pour son indépendance
Quitter son Algérie natale
Là-bas, elle vivait dans la joie chez ses parents
Mais elle se voyait déjà de l'autre côté de la mer
Pour être au près des son mari souffrant,
Souffrant de vivre sans elle
Elle devait prendre ce bateau,
Mais elle a décidé de prendre le suivant
Or celui-ci a chaviré dans la mer turbulente
Et son père s'est noyé dans le désespoir
Personne ne savait qu'elle était vivante
A son arrivée
Elle était impatiente
Car elle pensait les voir
On lui annonce que son père est mort d'une crise
cardiaque
Et que son mari s'est tiré une balle,
Elle a pris là sa plus grosse claque
Et jusqu'à ce jour, elle reste inconsolable.

SILENCE RADIO

C'est le silence radio
Tu ne dis plus un mot
Nos antennes ont changé de fréquence
Dis-moi ce que tu en penses
Parles, monte le son
Pour que je comprenne la raison
Ou sinon tu veux appuyer sur Off
Ou changer de fréquences pour m'entendre
Je veux recapter tes ondes
Car tu fais partie de mon univers
Je me fous des auditeurs
L'important c'est que je reste dans ton cœur
Alors écoute ce poème
Qui passe désormais sur toutes les antennes.

L'AMOUR N'EST JAMAIS UN HANDICAP

Je suis atteint du 21ème chromosome Maladie
incurable
Pour certains hommes
Je suis indésirable
Pourtant j'ai de l'amour à donner
Je suis comme toi une jeune avec ses espoirs
J'aime et j'aimerais aussi être aimée
Je suis fière de ceux dont je suis née
Ma mère ne fait aucune différence
Je suis sa petite chérie
Elle me dit même qu'elle a de la chance
De m'avoir
Ne me juge pas sur mon handicap
Je suis sensible mais sache que
La vie n'est qu'une étape
Nous partirons tous tôt ou tard.

LE SECRET

Le silence est un mystère
C'est pour ça qu'il faut se taire
Quand le son de ta voix retentit
C'est le début des ennuis.
Les mots trahissent
Dès lors qu'ils sont sortis
Nos oreilles nous balancent
Elles brisent le mur du silence
C'est pour ça qu'un secret n'est jamais bien gardé
Même si la porte est fermée à clef
Les murs ont des oreilles et sous la porte
Il y a des courants d'air
Qui diffusent et ramènent tes secrets.

LE SÉDUCTEUR DANS TOUTE SA SPLENDEUR

La force du séducteur
Est de séduire dès qu'il le veut
Il utilise du tac o tac et sans pudeur
Toutes les facettes de son pouvoir
En te parlant avec ses gestes francs
En te captivant avec des mots caressants
En te plongeant son regard fascinant
Tu te sens émue, happée comme ensorcelée
T'aimerais vite être embrassée
Sans rien pouvoir exprimer
Effrayée de devoir le quitter
Pour devenir désormais prête à tout, et son sujet

ANGE 2

Si je parle souvent de toi
C'est que ton image se reflète sur moi
Je me suis caché derrière ton miroir
Pour prendre connaissance de ton histoire
Je sais où tu as caché la clé
De la porte de ton jardin secret
Tant je t'ai observée et écoutée
Pour enfin saisir qui tu étais
Tu cherchais un homme sensé
Capable de te comprendre
Et de te conforter
Cet homme est là devant toi
Tu l'as trouvé et il est content
Regarde-moi dans les yeux
Et admirons tous les deux la beauté des cieux
Qui nous unissent dans le bonheur.

FLAMENCO

J'ai la flamme du Bengo
Viens danser avec moi le flamenco
On a le rythme dans la peau
Quand tu me caresses le dos
Dansons dans l'arène sauvagement comme des taureaux
En restant dans le tempo
Ta sueur va couler sur ma peau
Jusqu'au matin très tôt
On aura même plus la force de se dire des mots
Tellement qu'on aura dansé le flamenco

MA BENZ

Pose ta main sur le levier
Tu sais comment le faire marcher
Joue avec les vitesses
Tu es au volant de ma Mercedes
Si tu veux que j'accélère
Enclenche la première
Tu peux la pousser jusqu'en septième
On sait tous que c'est cette vitesse que tu aimes
Le moteur se déclenche d’un seul bond
C’est vertigineux comme si ça s’envolait
Si tu veux tout arrêter
Il faudra te garer sur le bas coté

LA FUMÉE DE LA ROMANCE

C'est dans un silence
Qu'on a partagé notre romance
C'est à distance
Qu'on a vécu notre romance
Une romance éloignée
C'est comme une grande fumée
Quand on est tout près
Le feu n'arrête pas de brûler
Et quand on s'éloigne
La fumée se voit de la France jusqu'en Espagne
La distance tue la romance
Elle meurt en silence
Mais la distance n'efface pas une histoire
Il faut que tu le vives pour le savoir
Je sais de quoi je parle
C'est pour ça que j'ai repris ma vie normale

Chapitre 4

Sagesse de la Plume

MARTIN LUTHER KING

Luther a rêvé
Martin a lutté
King s'est levé
Et Martin Luther King a été couronné
Couronné pour son courage
C'était un homme sage
Qui a fait un grand présage
Sur la traite des noirs et de l'esclavage
Il a combattu dans la paix
La vertu d'un homme censé
Sa parole nous a touchés
Même aujourd'hui il est reconnu et récompensé
Merci à toi Martin
J'aurais jamais croisé ton chemin
Car Dieu a décidé pour nous un autre destin
Mais ton destin a changé notre lendemain.

LA BIBLE

Si tu prends la Bible comme ton coussin
C’est que ton esprit est sain
Si tu prends la Bible comme parole
C’est que tu as déjà sur ta tête une auréole
Si tu prends la Bible comme ta nourriture
C’est que ton corps restera pur
Si tu prends la Bible comme ton bouclier
C’est que rien de mal ne pourra t’arriver
Si tu prends la Bible comme une épée
C’est que tu pourras toujours pardonner
Si la Bible est ta maison
Tu seras un homme de raison
Si la Bible est ta lumière
C’est que tu sais comment faire ta prière
Avec si, on dit que tout est possible
Ce n’est pas avec des «si» mais avec la Bible
Réfléchis à ce que tu viens de lire
Car c’est Dieu qui m’a dit de te l’écrire.

TRISTE ANNIVERSAIRE

Le Temps passe Mais rien ne l'efface
On écrit notre histoire
Les souvenirs défilent en blanc et noir
Voilà comment notre vie se résume
Je la raconte souvent avec ma plume
Personne ne t'a oublié ici
On prie pour ton paradis
Dans le marbre ton nom est gravé
Même avec nos larmes
On peut pas t'enterrer
C'est un triste anniversaire
Le vent a emporté ta poussière
Mais tes souvenirs
Restent ici pour le meilleur et pour le pire
Dans ce monde l'homme n'est qu'un objet
Un jour ou l'autre on passe tous à la casse
Porte toi alors bien
Personne ne sait de quoi est fait demain.

TROUNOIR

Devant le trou
Je pleure de désespoir
Son corps est entre quatre planches
On va le voir tous les dimanches
Sur sa tombe poussent des fleurs
Un coup est porté à mon cœur
J'espère que tu ne connaîtras jamais ce malheur
C'est ma plus grande douleur
J'ai enterré mon enfant de mes propres mains
Je sais ce qu'est à présent le chagrin
J'ai tout remis à Dieu
Même s'il ne m'a pas laissé le temps de lui dire adieu.

TUEUR A GAGES

J'ai reçu la liste
Il y a des noms que je connais
J'ai quelques pistes
Je dois être discret
Avec des gants
Je fais le travail
Les mains remplies de sang
Je ne fais aucun détail
Le regard assassin
Je tue mes adversaires
Je ne laisse pas de témoin
C'est comme ça que j'opère
La vie m'a laissé un goût amer
Mon cœur est devenu sombre
C'est la vengeance et la colère
Qui m'aident à tuer en nombre
J'ai essayé de ranger mon pistolet
J'ai trop d'ennemis
D'autres personnes veulent aussi se venger
Car j'ai tué leurs frères
C'est le cercle vicieux
On veut ma peau
La nuit je ne ferme pas les yeux
Autrement on va me découper en morceaux
C'est pas une vie
Je me suis égaré
Tous les soirs je prie
J'espère qu'un jour vous allez me pardonner.

UNE MINUTE DE SILENCE

Quand une personne décède
On fait une minute de silence
Pour combler son absence
Est-ce un bon remède?
Crois-moi ça ne change rien
Je la respecte
Mais chaque minute m'affecte
Ça n'atténue pas mon chagrin
C'est une vie de silence
Des heures d'angoisse
Des nuits en transe
Des années de poisse
Que je subis
Est-ce ça la vie ?
Je ne trouve pas de réponse
À ces questions
Mes sourcils se froncent
Dieu donne-moi tes raisons.

DERNIERES HEURES

Dernières heures,
Dernier instant,
Avant que tu quittes notre demeure
Alors profitons de tes derniers moments
Même si c'est dans la souffrance
Je prie pour que Dieu te garde encore
Car tu as toujours été là pendant mon enfance
C'est grâce à toi que je suis devenu un homme fort
Maman toutes les nuits je vais prier
Maman est-ce que tu viendras me rendre visite
Maman est-ce que tu sais que je t'aime et que je
t'aimerai à jamais
Maman pour toi je vais aller au delà de mes limites
Je sais que tu me regarderas
Et je vais te rendre fière
C'est quand qu'on se reverra,
Que tu me le diras devant notre père ?

LES LOIS DE LA FOI

Respecte ton prochain
Car Dieu peut te jeter dans un ravin
Sois modeste
Il fera le reste
Il n'aime pas les rancuniers
Il met les crabes dans le même panier
Ne sois pas orgueilleux
Car il te jettera au feu
On ne peut pas être parfait
Car on est né sous le pêché
Alors soyons hospitalier
Apprenons à nous entraider
Marchons tous main dans la main
Pour combattre le Malin.

LA FOI ET LA RAISON

Est-ce que la foi et la raison,
Peuvent être le complément l'une et de l'autre?
Est-ce que l'argent et le pouvoir,
Priment sur le savoir?
Est-ce que l'homme sait réellement qui le gouverne ?
Je pourrais te poser d'autres questions,
Mais est-ce que tu en tirerais une leçon ?
Ces mots sont à méditer
Pour quelques réflexions sacrées.

L'AIGLE

Je vole aussi haut que l'aigle
Je ne me fie qu'à une seule règle
Celle d'aimer le Seigneur
Et ce, de tout mon cœur.
Grâce à lui, je bats de mes propres ailes
Je suis l'un de ses fidèles
Je survole l'horizon le recherchant avec passion
Car j'ai faim de son onction
J'avais la réputation d'être un grand pêcheur
Mais sa Grâce m'en a sorti avec grandeur
Je n'ai pas peur de l'avenir
Car à l'ombre de ses ailes, je peux me blottir.

LES AILES DE DIEU

Cet oiseau a déployé ses ailes
Il a pris son envol dans les airs
En écoutant le ciel
Le vent est devenu son chant
Il est libre au dessus des mers et de la terre
Il se nourrit des rayons du soleil
Pour filer à la vitesse de la lumière
Car Dieu lui a octroyé des ailes magiques
Pour qu'il soit libre et survoler les pièges,
Sans lesquelles il ne serait qu'une proie
Ainsi Le Seigneur protège homme, animal,
nature et chaque vie

LE CŒUR DE MON PAPA

Aujourd'hui c'est la fête des pères
Je vais me rendre au cimetière
La larme à l'œil
Je n’ai toujours pas fait mon deuil.
Sur sa tombe, les fleurs fanent
Cette image ne sort pas de mon crâne
Pourtant c'était un homme fort
Mais personne ne l'est devant la mort.
Dieu l'a appelé
Pourtant il ne voulait pas décrocher
Ici on laisse sonner ton téléphone
Car on entend ton cœur qui résonne.
J'ai réussi à briser le mur du silence
Le vent me transmet tes messages malgré la distance,
Un jour de plus sans toi
Un jour de plus où je me rapproche de toi
Je sais que là où tu es, tu nous souris
J'avais les dents abîmées
Je ne voulais plus les montrer
Maintenant pour toi je vais les faire briller,
Car tu es l’ange qui vole dans mon ciel
Tu es l'ange qui me fait pousser des ailes
Je t'aime papa où que tu puisses être.

COCKTAIL MOLOTOV

Mon père et ma mère ont fait de moi un cocktail
J'ai pris un peu de lui et un peu d'elle
Pendant neuf mois ils m'ont enfermé dans un mixeur
Pour que la texture prenne vie, forme et ses mystères
Une texture aux graines de l'amour
Qui a bien poussé afin de voir le jour
Ils ont fait un cocktail mortel
En attendant que ma mort me rende immortel
Car le temps nous boit et nous consomme
Ainsi est la vie de chaque être
J'espère que Dieu me dégustera lentement
Pour que j'aie la chance de voir mes petits enfants

LA VIE EN CONJUGAISON

Dans la vie nous sommes des présents
Mais nous sommes tous imparfaits
Il y a eu qu'un seul homme sur terre parfait
Et cela depuis que l'on conjugue le temps
Il faut pas oublier de tout accorder
Même si on fait tous des fautes d'orthographes
Chacun écrit son paragraphe
Alors vérifie bien tes fautes du passé
Ton passé sera présent dans ton futur
C'est pour cela qu'il est impératif
De rester positif
Malgré les temps qui peuvent être durs
Suivons tous l'exemple de cet être plus que parfait
Car si tu te réfères à ton passé antérieur
Tu comprendras qu'il y a une force supérieure
Qui nous permet de nous tous conjuguer

Chapitre 5

Les joueurs rentrants

MAMAN D'AFRIQUE

J'aime ma maman d'Afrique
C'est ma *mama lova*
Elle nous apporte sa lumière magique
Parce qu'elle ne s'arrête jamais de nous suivre
Elle est toujours présente et nous regarde
Ma maman est notre guide et notre âme
Je prends mon courage d'elle
Je suis devenu un héros grâce à elle
Je ne la vois jamais abandonner
C'est pour ça que je garde les pieds sur terre
Ma maman d'Afrique sacrifie sa vie
Pour ses enfants sans plaintes ou attentes
Elle ne nous échangera jamais pour un million
Parce qu'avec nous elle est déjà riche
Pour un million d'années.

Il ÉTAIT UNE FOIS

Un fruit ne tombe jamais par hasard de son arbre,
Nos noms seront gravés sur du marbre.
Demande à Adam et à Ève,
Tous les fruits qui sont dans le jardin d'Éden,
Et nous ici, sur terre, nous vivons dans la haine.
J'aimerais pouvoir faire juste une chose,
Un jour avoir le pouvoir d'appuyer sur pause !
Même pour quelques ridicules secondes,
Pour apprécier à sa juste valeur, le monde,
Car au fond de moi, une voix gronde.
Je vois tant de choses immondes.
Je suis une âme très sensible
Je me guéris en lisant la bible
La mort, s'est le début d'une autre vie
J'y pense un peu plus, car autour de moi tout le monde vieillit.
Je fais partie du présent
J'apprécie donc chaque instant
Jusqu'au jour où mon nom sera gravé,
Ce jour là, on parlera de moi au passé,
Et après, Mes ancêtres parleront de moi comme un d'un conte de fée.

MA DÉRISION

Mon alter ego,
Se trouve, sur le bout de mon stylo.
Tu peux le lire, sur mon recto,
Comme sur mon verso…
A chacun de mes mots,
Tu te demandes ce qui se passe dans mon cerveau.
Je peux te surprendre
Car je suis très dur à comprendre.
Je peux paraître en contradiction,
C'est parce que je joue sur la dérision,
Pour répondre à certaines interrogations,
Qui m'ont servies de leçons !
C'est quand j'ai jeté mon cartable,
Que j'ai su que j'étais capable
De faire face au pire,
Avec un très grand sourire.

MITRAILLETTE À MOTS

Je vais te faire un texte à la b2O
Je suis un gentleman du ghetto
J'ai caché ma mitraillette dans mon cerveau
Pour te séduire avec une rafale de mots
Mon chargeur n'est jamais vide
Pour toi je suis prêt à commettre un homicide
J'ai compris que l'amour pouvais rendre fou
Qui aurait cru, un jour, que je poserai l'un de mes genoux !
Pourtant je t'avais mitraillé avec mes mots,
Ils font ricochet sur ta peau,
Pour se loger dans mon cœur.
Ton amour l'a fait fleurir, comme une fleur.
Le gangster du ghetto,
A succombé sous les rafales de charme de ce ghetto.

RACISME

On m'a traité de sale nègre
Pourtant je suis un homme intègre
Je suis pas sale mais propre,
Et je te le dis avec un esprit sobre.
Leurs paroles me saoulent quand même un peu
Tellement que j'en ai bu.
Ils ont versé leur alcool sur ma tête,
Je les pardonne vu qu'ils sont bêtes.
Je ne suis pas Dieu pour les juger,
Mais ils font pâlir l'insensé.
On est malheureusement souvent scruté et jugé
Par notre couleur de peau ou la teinte de nos paroles,
Je suis fière de la mienne, même si elle me donne
du fil à retordre
Si le racisme était un alcool ils se saouleraient avec
à mort
Quand ils parlent, ils sentent du bec.
Depuis très longtemps, je les laisse faire
Et tu sais quoi !
Ils m'ont rendu moins faible
Ma haine pour eux s'est transformée en sagesse
Car les alcooliques sont des hommes en détresse.

PLANER

Si tu montes dans mon jet privé,
Ensemble on pourra s'envoler.
Notre histoire restera privée,
A mes côtés, tu pourras planer.
Planer avec mes substances naturelles,
Celle du désir charnelle.
On pourra déployer nos ailes,
Pour un vol éternel.
On va s'asseoir sur les nuages,
Admirer de là haut, le paysage
Celui de ton corps et de ton visage,
En attendant notre atterrissage.
Dans mon jet
Tu m'embrasses et tu m'aimes
Si tu n'es pas prête
Ne te prête pas à ma fête.

GENTELMEN

Je suis un homme d'action, Mais, aussi, un homme
de passion.
C'est la raison pour laquelle, j'ai la silhouette d'un
athlète,
Et les pensées d'un poète.
Ne me juge pas, à mon apparence
Chut, j'écoute ton corps dans le silence
Il faut que tu sois en moi
Pour que je sois en toi.
Tu ne verras aucune différence dans ton extase
Entre le ciel et la terre Les deux vont te paraître pareils.
Pour comprendre une femme, Il faut toucher son âme,
Et cela j'ai réussi à le faire
Puisque tu es toujours à mes côtés !

LA MORGUE

Ça sent le roussi J'ai le cœur meurtri
Tous les morts ont des noms,
Et sont emportés par des anges, ou des démons.
La morgue est une place sombre,
Elle est remplie d'ombre
Et les morts parlent
Ils chuchotent,
Ils nous regardent
Ils ne sont pas là mais pourtant ils planent
Ça me fait réfléchir à mes actes
En préparant ce départ irrévocable
Sans peur ni crainte
Car tout le monde passe un jour par là.

REGRET

J’essaie de vivre sans regret,
J’assume tous ceux que je fais,
Le bien, comme le mal,
Je suis une personne normale.
Je peux avoir la bonne parole
Mais des fois, je choisis le mauvais rôle.
Des rôles qui peuvent surprendre,
Je sais, c’est dur pour toi de l’entendre,
Prends-moi comme je suis
Avec la lumière de mon jour
Et mon côté obscur
Mais si tu le refuses,
Je comprendrai et je m’en excuse.

RÉCONCILIATION

Son cœur a fondu Lorsqu'elle m'a vu.
Toute sa colère s'est évaporée.
C'est avec un grand sourire
Que j'ai pu éviter le pire
Je vais arrêter de jouer avec le feu
Il a failli nous brûler tous les deux.
Mais on a gardé quelques brûlures,
Sur lesquels on va construire un meilleur futur.
Sa peau restera marquée
Elle va me pardonner, mais n'oublierait jamais
Tout cela à cause d'un jeu risqué
Qui a failli mettre à notre union un terme.

MES DÉFIS

Face à toutes mes épreuves
Je fais en sorte que mes œuvres,
Deviennent comme moi, un chef-d'œuvre.
Mes idées sont en place,
Elles se défient devant ma glace
A force qu'elles se fassent des face-à-face
Mon miroir ne m'envoie que les mêmes images
Des idées qui m'ahurissaient
Mûrissent et prennent un sens dans ma tête.
Notre pouvoir est dans notre savoir,
Si tu veux réellement le voir,
Apprend à te connaître bien devant ton miroir.

LA PANTHÉRE NOIRE

Je suis black comme une panthère,
J'écris ce texte avec un genou à terre,
Le poing levé et serré
Pour notre liberté.
Sache que je ne pense point,
Qu'on puisse gagner une guerre
En criant à la haine
J'ai brandi mon drapeau blanc,
Et j'y ai vu des tâches de sang.
Mais, je viens quand même pour faire la paix,
Même si on ne pourra jamais effacer le passé
Je me focalise alors sur le futur,
Car je voudrais que le monde soit un lieu sûr.
Un lieu, où chacun,
Puisse marcher droit et serein
Un lieu, où on prendra soin de notre prochain.
Je sais, j'ai un côté bien naïf,
Pardonnez-moi de vouloir être positif.
Depuis que j'ai lu l'histoire d'Adam et Ève
Je crois toujours en mes rêves.

LE VENT

J’ai voulu voir le vent,
La poussière m’a tiré des larmes
J’ai cru que j’allais l’attraper
Il m’a poussé fort devant.
J’ai cru savoir le son de son bruitage
Il a traversé mes oreilles comme un orage
J’ai cru savoir d’où il venait
Il a cessé d’agiter et de souffler.
J’ai voulu aller plus vite que lui,
Il m’a ralenti dans mon élan
J’ai tâché d’aller à contre sens
Il m’a attiré comme un aimant !
Je ne me compare plus alors au vent
Et me contente d’une brise matinale
Même si je sais que si je veux attraper la lune
Il faut courir plus vite que le vent
Sans tergiverser dans mon élan.

LES ANGES PERDUS

Je suis né dans la cité de Dieu,
Je suis un petit ange, avec une arme à feu
Voilà ma triste réalité, hélas,
Les cadavres s'entassent dans nos favélas.
Nous ne sommes pas nés sous la même étoile,
On m'a bandé les yeux avec un voile
Regarde, je ne vois que du noir
Il m'a enlevé toute lueur d'espoir.
Mon texte est très sombre,
Comme la silhouette de mon ombre.
Dans la cité de Dieu, je suis un ange déchu,
Un petit enfant triste et perdu.
J'ai cru que le savoir était mon arme,
Seigneur, pleure tes larmes pour purifier mon âme,
Car j'aimerais voir ta vraie cité, ton vrai astre
À l'instar d'un enfant heureux et chaste.

LA POMME D'ADAM

Le fruit du péché a un noyau
Il est resté coincé dans la gorge d'Adam
Qui l'a retransmis à tous ses chérubins
Je n'ai plus besoin de te faire un dessin
La vie a dépendu d'une pomme,
Adam l'a dégustée
Avant de commettre sa bévue
Qui nous pèse encore jusqu'à ce jour.

L’AMOUR VÉRITABLE

Tu ne m’as fait aucun reproche,
Quand tu as vu la poussière dans mes poches,
Tu as regardé mon fond intérieur,
Tu as su décrire la couleur de mon cœur.
Tout cela, au travers de mes yeux,
De marron ils sont passés au bleu !
Dans la clarté de tes pupilles,
J’ai pu voir notre future famille.
Auprès de toi, je me sens libre
J’ai su retrouver mon équilibre.
Sans aucune fondation,
On ne peut guère bâtir une maison,
Mais avec toi je me sens partant
Il est désormais une grande évidence
Construisons des murs autour de nous
Pour protéger un grand début,
Celui de notre histoire d’amour
Que tout le monde entendra, même les sourds !

DONNANT, DONNANT

Mon subconscient, me rend inconscient,
L'homme sage, a fusionné avec l'enfant,
Ils cohabitent en moi
A certains moments j'ai l'impression qu'ils sont
des siamois.
Je les compare souvent à une feuille recto verso,
Tu la reconnais de face comme de dos,
Et pourtant, il y a un grand fossé entre les deux.
Chacun a construit son pont
Pour le traverser vers son bonheur
Au final, cette colocation fonctionne,
Chacun respecte sa zone,
Le respect est mutuel,
Peux-tu le voir dans ma gestuelle ?

BOXER DANS L'ÂME

J'ai une frénésie comme Tyson,
Mais je contrôle ma zone,
Sur le ring comme dans la vie
Je ne tombe pas au tapis.
J'esquive les gauches et les droites,
Je riposte avec mes paumes moites.
Ma patience m'a assagi,
Les épreuves de la vie m'ont endurci.
J'encaisse, sans rendre les coups,
Dieu m'a dit de rester humble et à genoux
Pour triompher du diable
Et sentir tous les coups,
Comme des caresses sur la joue.

UN VOL VERS LE TEMPS

J'ai reçu ta carte d'embarquement,
Je suis prêt à faire avec toi un voyage
vers le temps.
Vers le temps de l'amour, que l'on
conjuguera au futur
Vers un temps qui nous mènera, dans
des lieux plus sûrs
On ne se préoccupera plus du passé
On avancera tout droit la tête levée
Notre amour sera tellement fort
Qu'il résonnera à l'unisson
Embarquons dans notre avion,
Pour découvrir d'autres horizons.
Faisons le plein d'essence,
Et mettons nous en mode romance.
Volons au dessus des nuages
Écrivons notre histoire sur des pages,
Des pages qui dépasseront le temps
Pour témoigner de nos sentiments
Voila, j'ai tout dit,
Je veux qu'on embarque ensemble
Car je ne peux pas voir ma vie sans toi

A LA CONQUÊTE DU POUVOIR

Il y a une bataille entre les chiens et les loups,
Et ils se battent comme des fous
Ils se démènent et s'accusent
Pour savoir lequel sera à la fin élu
Pourtant, ils sont dans la même lignée
Sauf que les chiens respectent les lois
Alors que les loups sont toujours aux abois
À la recherche d'autres proies.
Liberté, fraternité et égalité
Un message qui n'a plus de sens
Par une politique en décadence.
Liberté, fraternité et égalité,
N'est que de vains slogans…

HOMICIDE

Je mets mes pieds dans le vide,
J'aimerais me pousser,
Pour assister à mon propre homicide.
Ma vie est comme un liquide acide
Qu'on a jeté sur mon visage livide
La pression m'a rendu dépressif,
La dépression m'a rendu agressif.
Depuis que je me suis ouvert le cœur,
Je suis devenu totalement négatif.
Je suis à la recherche d'un parapluie,
Pour pouvoir protéger mon propre abri,
Depuis, que j'ai été mouillé par la pluie.

MES ATOUTS

Ma puissance me vient de mon écriture,
Mes erreurs, ne sont que des ratures.
Ses ratures ont rendu ma plume mature,
Et ma maturité m'a aidé a passé des moments dures.
Dotée d'une imagination inimaginable,
La plume sait de quoi elle est capable,
Elle est capable d'écrire des choses incroyables,
Pour tous ses semblables.
Je ne suis pas prétentieux,
Je ne me le permettrai pas, mon vieux,
Car je suis un messager de Dieu,
Il me chuchote des mots depuis ses cieux.

LE ROI

Je suis gouverné, Par un roi.
Que tu ne pourras pas tuer,
Car il vit en moi.
Ma couronne, Est mon auréole.
Sur mon trône
Je garde la tête sur les épaules.

LES BLAIREAUX

Les casseurs sont bêtes,
C'est nous qui allons payer la dette,
Celle de vos stupidités,
Ne pensez-vous pas, qu'on a assez de tracas ?
Ce sont vos parents et vous-mêmes
Que vous mettez encore plus dans les problèmes.
Vous n'avez aucune maturité,
Bande de petits benêts,
Désolé pour ma grammaire,
Mais je n'ai pas trouvé d'autre terme,
Pour décrire ces imbécilités !

MILITAIRE

Je milite,
Pour défendre la terre,
Au-delà de mes capacités
Je suis le gardien des airs.
Dans mon dictionnaire,
Voila la définition du militaire
Un homme sincère, Prêt a sacrifier sa chair.
Dévoué avec son unité
Et à se sacrifier,
Ils obéissent aux ordres
De ceux qui mettent le désordre
Et ils ne sont pas assez reconnus
Ni soutenus
Alors qu'ils nous protègent
Sans nous connaître,
Au prix de leur vie.

QUI SUIS-JE

Pour ta gouverne,
Beaucoup de mes poèmes, te concernent
N'as-tu pas vu mes cernes?
Je parle sur beaucoup de peines,
J'évoque certains dilemmes
Pour que tu trouves une solution a tes problèmes.
Je parle à ta place de tes soucis
J'y mets tout mon cœur et mon esprit
Tu te reconnais dans mes vers?
La plupart de mes textes voient une chute,
Dans un seul but,
Celui de te pousser à ouvrir ton parachute
À la dernière minute

REPERES

J'ai grandi sans père,
Sans aucun point de repères,
Sans même un modèle,
C'est la raison pour laquelle
J'ai un esprit rebelle.
Ma mère m'a élevé,
Malheureusement,
Je ne l'ai pas souvent écoutée
Il aurait fallu ton autorité
Pour pouvoir me canaliser.
Maman tu as tout mon respect
Tu t'es battue pour m'élever
Mais, j'ai réalisé que les garçons,
Ont besoin de coups de bâtons
Pour nous aider à marcher droit
Sache que je ne te pointe pas du doigt
Maman ce n'est pas ta faute,
Si dans ma vie j'ai joué de fausses notes,
Tu as été remarquable
Malgré mes agissements déplorables.
Papa tu as été un géniteur,
Tu nous a dis à tout à l'heure,
Tu es parti comme un voleur
Tu as dérobé mon petit cœur.
Papa ce que tu as fait est grave
Tu nous a laissés à la casse d'épaves
Mais avec le soutien de maman
Dieu a fait de moi un battant.

L’AMOUR EN EQUATION

Un plus un, c’est égal à deux
Voici le résultat de notre équation
Notre amour est une addition,
De deux personnes qui vivent heureux
Un plus deux, c’est égal à trois,
C'est Le résultat d'une fusion
Qui pourrait donner naissance
A une fille ou un garçon,
Après neuf mois d’attente et de bonheur.
Avant je collectionnais les bulles
Aujourd’hui je n’ai pas peur
De devenir père à mon tour,
Bien évidemment à tes côtés,
Pour conjuguer l’amour et la sagesse.

FEU D'ARTIFICE

Assistons-nous au début de la troisième guerre mondiale ?
Irions-nous voir un feu d'artifice géant ?
Où aura lieu le bouquet final ?
On assiste partout dans le monde à des explosions,
Et cela, à cause d'une poignée de lugubres personnes,
Qui font dans leurs intérêts le trafic des munitions
Pour laisser où ils veulent des mutilés, des morts et du
malheur.

JEU DE HASARD

Tu as lancé les dès
Tu as voulu jouer
Maintenant je les ai entre mes mains
Je ne te veux plus sur mon chemin
Je n'aime pas les jeux de hasard,
Regarde comment notre relation est devenue bizarre.
Trouve-toi un autre jeu,
Je me suis déjà brûlé avec le feu
Avec le temps j'ai trouvé le remède
Je me suis retiré des emmerdes
Tout ça parce que tu as voulu jouer
Je te laisse alors avec tes dès.

JUSTICE

Il n’y aurait pas de vendu
S’il y’avait pas de langue pendue
Il n’y aurait pas de garde vue,
Il n’y aurait pas de sentence
Sans aucune balance
Il n’y aurait aucun prisonnier
S’il n’y avait pas de criminels
Sans le travail de la police,
Il n’y aurait pas de la justice
Voici le cursus judiciaire
Pour les petits ou grands gangsters
Si tu ne veux pas finir derrière les barreaux
Mon frère, il faut rester net et réglo

INDÉPENDANCE

Je ne te demande pas ton accord
Je change d’horizon
Je vais vers le nord
J’ai déjà fait mes boxons
J’ai décidé de changer de décor
J’emménage dans ma nouvelle maison
J’ai pris le large
Il est dur pour toi de l’admettre
Mais j’ai l’âge de me prendre en charge
Tu le comprendras avec les années
Le temps comblera le reste
Tu vas t’adapter comme tu l’as toujours fait
Tu peux être cependant contente des bagages
que tu m’as laissés
C’est cela qui m’a permis de devenir mon
propre maître
Merci de tout ce que tu as pu faire !

L’AGNEAU

Tu t’es encore jeté dans la gueule du loup,
Ton corps, est recouvert de blessures
Je ne compte même plus tes morsures
Regarde, tu tiens à peine debout.
Tu ne les reconnais guère plus
Tu peux les distinguer par leurs chevelures
Et même par leur allure
Et lorsqu'ils sortent leurs dents pointues.
Les loups te mangent tout cru
Avec leurs dents bien pointues
C’est malheureusement la loi du plus fort
Si tu les reconnais, chasse les sans attendre,
Avant qu’ils te dévorent de toutes leurs forces…

MES PIEDS

Les pieds à terre
Je suis bien dans mes baskets,
Mes yeux sont grands ouverts
Je n'ai plus besoin de lunettes.
J'ai le ventre plein
Je ne vais pas me plaindre
Je ne manque de rien
Viens à ma table me rejoindre.
On va boire du bon vin
Et toutes autres bonnes choses
Que Dieu nous accorde
Alors partageons son pain et son eau
Avec toi, Jacques et Mohamad.
Je te remercie mon Seigneur
De m'avoir mis les pieds sur terre
Tu me soutiens dans ma vie
Depuis que je fais mes prières.

L'ESCLAVE

Les coups de fouets ont laissé des traces,
Plus de 400 ans d'esclavage,
On cherche toujours notre place
Le passé a fait beaucoup de ravages.
Sur un plan humain,
L'Afrique subit de toutes parts
C'est toujours vers le bas
Pourquoi cette destinée face au soleil.
C'est malheureux mais moi, je n'ai rien pu faire,
Qui peut répondre
Le constat est dur et amer
La bouche des traitres est salée
Il faudrait les jeter à la mer
Pour que l'on puisse peut-être
Tout recommencer et refaire.

UN GRAND PAS VERS L’AVANT

Je les vois courir Je les envie
Je ne leur souhaite pas le pire
Je me demande pourquoi
Je suis né avec un handicap J’avance en fauteuil et
regarde courir les autres
Personne ne m'a dit la vrai raison,
Je voudrais tant voler comme Peter Pan.
Jouer au tennis et au baseball
Braver la mer et les océans
Prouver que l’on peut quand on veut
Voir le sourire sur les lèvres pales de ma mère
Relever tous les défis possibles pour rendre fier
mon père
Mais je ne peux pas et me demande encore et
encore pourquoi !
Pourquoi moi, et pourquoi l’autre ?
Ce sont des mystères de la vie et heureusement
Qu’il y a la croyance pour continuer et tenir !

L’HAMÇON DU POISSON

Pour attraper un poisson,
Il faut être patient
Il mord toujours à l'hameçon,
Si on prend notre temps
C'est ce que m'appris un pêcheur,
J'ai bien retenu la leçon,
Je le regarde sans me soucier de l’heure
Je sais qu’un jour ou l’autre il mordra à l’hameçon

MON ÉQUIPE

Je n'ai qu'une équipe
On porte tous le même patronyme
On se ressemble dans notre vision jusqu'à
dans nos tripes,
Nous sommes une bande de garçons, sensibles
et tous unis.
Avec le même regard, le même sang et le même
respect d'autrui,
On porte tous le prénom de Jean,
Bienvenue alors chez les Akpa
Derrière chacun, se cache un protecteur,
un frangin soucieux,
Nous faisons tous un dans les hauts ou dans
les tréfonds,
Une assemblée pour se soutenir contre vents
et Marées,
Si l'un tombe l'autre le relève, et c'est là le secret
de cette union sacrée !

ÉVASION

Je suis ton prisonnier
C'est parfois le paradis et parfois l'enfer
J'essaie de trouver la clef pour m'évader
Entre le désire et la sagesse
Nous savons qui nous sommes
Mais on se perd dans nos discordes
Je ne sais pas à quoi m'attendre
Tout pourrait commencer et finir en même temps
Je me trouve cependant au diapason avec toi
Je pense que tu as les mêmes sentiments
Des atomes crochus qui nous attachent
Je n'ai aucun plan de sauvetage
Je te veux coûte que coûte à côté de moi
S'il te plaît si tu lis ça ne pleures pas
Je pleurerais sûrement le jour
Où tu me diras… au revoir.

CHAPITRE 6

Poèmes en anglais avec traduction

MAMA AFRICA

I love my mama Africa
She's my mama lova
She's bring us the light
Because she's never stops to fight
She's always on our side
My mama africa she's my guide
I take my courage from her
I became a fighter
I never see her give up
It's that why I always keep my head up
My mama africa sacrifice her life for her children
She will never exchange us for 1 million
It was never her wish
Because with us she's already rich.

PRISON BREAK

I'm prisoner in your jail
I feel like paradise and hell
I try to find the key
To escape to be free
Between the
reason and the desire
We know who we are
But we are lost at the moment
I don't know anymore what to pretend
Everything could be easy

But I know you like me
I feel you the same way you do
I think you can share my point of view
I don't have a plan to escape
At the same time I don't want you separate
Please if you read this don't cry
I probably will do the day you will say to me
goodbye.

FEU ROUGE, FEU VERT

Elle m'a donné son feu vert
Pour être sûr j'allume son feu rouge
Tu sais ce qu'il va se passer ce soir
Parlons de ça dans le lit
Tous les feux vont clignoter
Leurs trois couleurs seront visibles
Avant qu'on se repose
Je vais te faire venir
Décide dans quelle couleur tu veux être
Je connais toutes leurs définitions
Je suis très confiant
Pour accomplir ma mission
J'ai remis les feux à leur place
Il est temps de se reposer
Depuis que je connais comment les allumer
Tu sais que j'ai un talent pour cela.

TRAFFIC LIGHT

She gave me the green light
To make sure we going on a red
You know what will happen tonight
Let's talk in a bed
The traffic will be busy
The three colours will be on
Before you get cosy
I will turn you on

Decide which colour you want
I know their definition
I'm quiet confident
To do my mission
I put the light on your road
It's time to chill
Since i find your post code
Your are aware of my skill

TABOU

Comprends-tu ce que j'écris vraiment,
C'est sur papier en Noir et Blanc
J'écris à propos d'un tas de choses
Je sais ce que tu penses de ma prose.
Je ne prétends pas être le Roi
Laisse-moi faire mon truc à moi
J'absorbe toutes tes émotions
J'écris toujours pour une bonne raison
Lis bien ce que j'écris, tout ceci est net
Je ne veux te troubler, ni que tu perdes la tête
Écrire est ma passion
Mais sans toi, je manque d'inspiration.
Tu as toute mon attention
Tu peux me parler sans pression
Il n'y a aucun tabou
Car tout est déjà clair entre nous.

TABOO

Do you understand everything I write
It's on paper in black and white
I talk about a lot of things
I know what you are thinking
I don't pretend to be a king
Let me do my thing
I absorb your emotion
Listen what I said
I always talk for a reason
I don't want you to lose your head
Writing is my passion
Without you
I will not have a lot of inspiration
There's no subject taboo
Because you have all my attention.

DES MILES ENTRE NOUS

Nous vivons à des kilomètres
Mais je ne m'inquiète pas
Parce que dans ma tête
Et dans mon cœur, c'est toi Bébé
Je sens tes larmes Couler sur ma joue
Ça fait une longue semaine
Je te sens douter
Pour toi j'écris des poèmes
Je parle de l'amour divin
C'est un grand phénomène

Je deviens écrivain
L’amour m’inspire
J’écris toujours avec mon cœur
Te voir très rapidement c’est ce que je veux
Car dans ma vie, tu crées mon bonheur.

MILES

We live miles away
But I'm not afraid
Because in my head
And in my heart it's you babe
I feel your tears
Flow on my cheek
It's been a long week
I feel you fears
For you I write some poems
I talk about love divine
It's a big phenomenon
Do you know what I mean
Love inspires me
I always write with my heart
As you can see
In my life you take a big part.

DERRIERES LA RELIGION

Beaucoup de gens utilisent la religion
Comme un prétexte, sans raison
Pour tuer leur frère, mais qu'est-ce qui leur prend
Je ne suis pas d'accord avec ces gens-là
Dieu n'a jamais dit tuer ses frères
Il veut pour nous un monde de prière
Alors prenez ma main et faites la paix
Marchons dans ce monde et rêvez
Ouvrez les yeux, soyez ravis
Et voyez le vrai Paradis
Ce ne sont pas des bombes qui explosent
C'est l'amour que ton cœur impose.

RELIGION

Some people used religion
Without reason
To kill people
I don't agree with that at all
God never told you to kill your brother
He wants us to leave in peace in this world
together So hold my hand
And let's walk together in his land
Open your eyes
And see the reel paradise
It's not a bomb who explode
It's the love we have for God.

LE COEUR DE L'OCÉAN

Dans le cœur de l'océan
J'ai rencontré la mère de mes enfants
Elle est toujours à mes côtés
Elle est une part de ma vérité
Nous voguons sur les flots
Capitaine de notre bateau
Nous voguons sur les vagues
Nous restons des gens braves
Même si l'on nage dans l'eau
Nous restons unis tous les deux
Nous sommes toujours côte à côte
Dieu exauce mon plus grand vœu.

IN HEART OF THE SEA

In heart of the sea
I meet my wife
She's always with me
She's part of my life
We cruise on afloat
We follow the waves
We are captain of our boat
Because we are brave
We can swim in the water
We are friends with all the fish
We are always together
God realize my biggest wish

LOVE YOU, LOVE ME

J'ai vu l'amour qu'il lui a donné
Je ressens la douleur qu'elle en a gardé
Mais maintenant, cela n'a pas d'importance
Parce qu'elle a l'amour de son père à outrance.
Personne ne peut comprendre
Mais nous ne pouvons rien entreprendre
Dans la vie, il n'y a pas de morale
Tout devrait être optimal.
Nous sommes tous pareil,
Nous avons tous le même cœur
Alors pourquoi nous ne partageons pas
Notre douleur,
Souffrir c'est l'amour,
Aimer c'est l'amour.
Quand je les vois
Je ne peux pas être plus heureux
Et oublier mes problèmes
Quand je les vois
Ils me donnent l'inspiration
Pour écrire ce beau poème.

LOVE YOU LOVE ME

I saw the love he gives it to her
I feel the pain she keep it inside her
But now she doesn't matter
Because she has the love of his father

Nobody can't understand
We just can't watch and stand
In life there's no moral
Everything should be normal
We are all the same
So why we don't share our pain,
Pain it's love
Love it's love
When I see them
I can't be more happy and forget my problems
When I see them
They give to me the inspiration to write this
beautiful poem.

PREMIER RENDEZ-VOUS

À notre premier rendez vous
Mon cœur battait comme un fou
À notre deuxième rencart
Je n'ai pas pu être en retard
Nous sommes toujours ensemble
Nous ne sommes pas comme cette fleur
Toujours ensemble après cinq ans
Elle qui fane après une heure
Ne l'oublie pas, pense-y,
Mon cœur bat toujours
Pour toi ma bien aimée,
La reine de mes jours
Je resterai toujours pour vivre notre amour
Car te rencontrer dans ma vie fut le plus beau cadeau.

FIRST DATE

At our first date I wasn't late
At our second date
I knew what to expect
We are still together
We are not like this flower
They will die after five days
We are still alive after five years
Don't forget about it
My heart still beat for you
I love you my boo.

MON CANCER

Je suis à genou chaque nuit
Dis-moi, je t’en prie
Pourquoi ça m'arrive
Je resterai fort pour ma famille.
Ma femme et ma fille
Me rendent plus fort
Sur la tête, le ciel me tombe
Mais elles sont ma lutte, mon effort.
Pour elles, je n'arrêterai jamais de me battre
Parce qu'elles sont ma lumière,
Ma plus grande douleur
Ce n'est pas mon cancer,
C'est de voir ma famille souffrir
Accepter que leur vie chavire
Mais je sais que je vais guérir
Car je crois en un meilleur avenir.

CANCER

Every night I'm on my knees
Tell me please why that’s happen to me
But I'll stay strong for my family
My wife and my daughter
Make me stronger
On me the sky fall but they are my wall
For them I will never stop to fight
Because they are my light
My bigger pain it's not my cancer
It's to see my family suffer
I'll cure Because I believe at a better future.

ÉMOTIONS

Quand les émotions prennent le dessus On se
sent chavirer, on craint l'inattendu
Mais derrière chaque problème
Il y a un sens comme ce poème
Si vous le prenez comme un présage
Vous comprendrez alors le message
Car beaucoup de mauvaises choses
Impliquent de bonnes métamorphoses
Tout dépendra de la façon dont vous réagirez
Croyez-moi c'est abstrait mais c'est un fait
Ne prenez pas cela comme une offense
C'est ainsi que vous allez bâtir votre confiance.

EMOTIONS

When your emotions take over
At this moment you become a loser
Behind a problem
There's a sense like this poem
If you take it as a presage
You will understand the message
Because lots of bad things
Come with good things
Everything will depend how you will react
Trust me it's a fact
Don't take that like an offence
Because you will build your confidence.

LES LARMES DE TON COEUR

Tous les jours tu me rends fier
Tu sais que je n'aime pas le vacarme
Je préfère chuchoter à tes oreilles
Toi tu me réponds avec des larmes
Chérie, c’est ma façon d’être
J'essaie de rester fort
Je garde beaucoup en moi
Je sais que ça effraie encore
Mais je n'aime pas te voir repliée
Te voir souffrir, te sentir mal aimée
Ouvre les yeux, j’essuierai tes larmes
Observe que je suis là pour toi !
C’est bien la fin de notre bataille.

TEARS OF YOUR HEART

Everyday you make me proud
You know I don't like to be loud
I prefer whisper in your ears
And you talking with your tears
Love is the way I am
I try to stay strong like a man
I keep a lot inside me
I know that can be scary
But don't forget
I don't like to see you upset.

PARADIS

Dieu m’a donné une place au Paradis
J'allume chaque nuit une bougie
Je respecterai ce qui est tien
Je ne mangerai aucune pomme de ton jardin
Tu me montres la lumière
Ma vie était une arnaque
Maintenant tout est clair
Je vis comme un gamin dans un parc.
Garde tes bras ouverts
Je ne veux pas être un convive
Je veux rester auprès de toi
A moins que mes péchés récidivent,
Protège moi ce n’est pas un jeu
Heureux d’être ici
Je ferai de mon mieux
Pour garder ma place au Paradis.

HEAVEN

God give to me a place in heaven
I light every night a candle
I will respect your garden
I will not eat any apple
You show me the light
When my life was dark

Now everything is bright
I live like a kid in a park
Keep your arm open
I don't want to be a guest
I will try my best
To keep my place in your heaven.

MON RÊVE

J'ai fait un rêve
Un monde sans différence
Un monde avec un hymne
Un hymne de l'indépendance,
Un lieu où tout le monde est le bienvenu
Un endroit où nous sommes tous frères
Un endroit où tout le monde aime sa liberté
Un lieu où les humains sont ensemble et fiers
C'est mon grand souhait
Parce que je ne suis pas imbu de moi-même
Mais à chaque fois que je me réveille
Je regarde par la fenêtre, c'est triste
J'écoute les actualités
De ce rêve je me suis réveillé
Et j'ai compris vite
Que c'était loin d'être gagné.

I'VE A DREAM

I've a dream
A world with no indifference
A world with one hymn
An hymn of the independence
A place where everybody is welcome
A place where we are all brothers
A place where everyone enjoys their freedom
A place where humans are together
It's my big wish Because I'm not selfish
But every time I wake up I look out my window
Listen to the news
And realize this dream blew up.

LA VIE N'EST PAS UN FILM

La vie n'est pas un film
Malheureusement, tu n'es pas une reine
La vie est une histoire
N'écoute pas le chant des sirènes
Tu n'es pas une étoile d'Hollywood
Mais tu agis comme une star
Sois fière de qui tu es
Car ce n'est pas l'habit qui fait le moine
Ne donne pas ton corps pour l'argent
Écris ta propre histoire
Ne te salis pas pour une poignée de main
Sinon ton âme restera noire.

LIFE IS NOT A FILM

Life is not a movie
Unfortunately you are not a queen
Life is a story
No like on big screen
You are not a star from Hollywood
But you act like a celebrity
Be pride of your hood
It's your hood made you who you are
Don't give your body
For the money
Write your own story
But just choose the right way.

LES LIGNES DE L'AMOUR

Je peux voir ton futur
Chaque fois que je regarde
Je lis ton livre sans image
Sur ton cœur mes yeux s'attardent
Cette peinture me charme
J'aime toutes ces lignes
Elles me font sortir les armes
Comme la puissance de l'héroïne
Je suis ton futur
Ne regarde pas dans le passé
Tu peux en être sûr
De toi, mon appétit est rassasié.

MY PAINT

I can see your future
Every time when I look
At Your picture
I can read it like a book
I love this paint
I love her lines
I can't complaint
Because its all mines
I'm your future
Don't look in past
You can be sure
Because the life with you
Is so moving.

SUSPECT IDÉAL

J'ai suivi toute l'affaire
Les gens vous regardaient sur un toit
Tu ressembles au suspect idéal
Ils ont beaucoup de preuves contre toi
L'enquête montre où tu étais
Pourquoi continuer à mentir
Tout le monde est au courant
Nier ne te fera pas échapper au pire
Le suspect se fait toujours prendre
Le juge a prononcé la sentence
Tu n'as plus aucun soutien
Et tu peux garder le silence.

USUALSUSPECT

I read all the effects
People were watching you on a roof
You look like the usual suspect
We have got lot of proof
The investigation shows where you were
Why are you still lying
I'm aware I know you will deny
The suspect gets caught
The judge says the sentence
You have no support
And you can keep the silence.

LA FILLE PARTIE

Son travail est fini
A présent elle est partie
Je pensais qu'elle était gentille
Mais je viens d'ouvrir les yeux
Elle n'était pas bonne pour moi
Une nouvelle vie commence je suis heureux
Je n'ai pas mis une bague à son doigt
Mon ange m'a préservé, je me sens mieux
Parce que je me suis réveillé à temps
Je n'ai pas fait cette erreur
D'avoir tout lâché pour elle
Aurait anéanti mon petit cœur.

GIRL GONE

Her job has been done
Now she's gone
I thought she was nice
But I just open my eyes
She wasn't good for me
A new life start I'm happy
I didn't put a ring on her finger
I feel better Because I'm awake
I didn't do this mistake.

MÉMOIRE

Juste souviens-toi, et n'oublie pas
Le jour où j'ai ouvert ta porte C'était à notre
premier rendez-vous
Tu savais que j'étais ton âme-sœur
Depuis les choses ont changé La situation est
devenue étrange
Tu ne peux plus prononcer mon nom
Tu mets toute la faute sur moi
Tu devrais voir ce que tu as fais toi
Notre relation brûlait de toutes parts
Car on n'a pas su éteindre le feu à temps
Nous nous sommes menti
L'amour ne nous caressait plus l'âme
Je l'ai cherchée, mais en vain
C'était le début de notre fin
Nous étions plus copain et copine
Cette histoire appartient au passé
C'est pour ça que j'ai décidé d'avancer

MEMORIES

You just have to remember, don't forget
The day I open your gate
It was at our first date
You knew I was your soulmate
Since this time things have change
The situation has become so strange
You can't anymore pronounce my name
On me you put all the blame
You have to look at yourself as well
Her relationship was burning like a hell
Because we consume it the fire
We became both of us some liars
Love wasn't any more in the air
I was looking for it, but I couldn't know where
It was the beginning of our end
We were not any more girlfriend and boyfriend
This love story belongs to the past
I didn't wait for you for a new start

LA RUE

Mauvais endroit, mauvais moment
Parfois cela arrive, Tu peux te faire tirer dessus
Quand la guerre des gangs commence
Innocent ou pas, Si tu es au mauvais endroit
Je ne suis pas un soldat, Mais un poète
Je ne prétends pas connaître ta souffrance
Mais j'ai vu que ce qui s'est passé dans ta rue
Mauvais endroit, mauvais moment
Parfois cela arrive Je sais je me répète
Et la rue parle d'elle même
Sa voix et ses larmes, Flottent dans l'air
Mauvais endroit, mauvais moment
Parfois cela arrive,
La rue et ses crimes
Résonnent énormément quand je m'exprime
Quand la rue parle, Tu ferais mieux de partir
Mauvais endroit, mauvais moment
Parfois cela arrive, C'est facile de tuer une personne
J'espère que nous ne serons jamais placés sous ce signe

STREET

Wrong place wrong time
That's happen a lot
You can get shot
When the street it's hot Innocent or not
If you are at the wrong spot
I'm not a shooter
I'm writer
I don't pretend to know your suffer
But I know what happen at your corner
Wrong place wrong time
That can happen a lot of time
I repeat myself
And the street talk itself
It's voice and cry
Fly to the sky
Wrong place wrong time
That can happen a lot of time
The street and it's crimes
Sound loud in my rhymes
When the street talks
You better walk
Wrong place wrong time
That can happen a lot of time
It's easy to kill someone
I hope we will never be this one.

MES REMERCIEMENTS

Tout d'abord, je tiens à remercier Bushy qui a été une source d'inspiration pour moi, elle me donnait son avis et on partageait nos textes, nous nous sommes soutenus jusqu'à ce qu'elle nous quitte.

Merci pour tout et je tiens à te dédier ce livre, on t'oubliera jamais.

Merci à Sabine qui est à l'origine de mon manuscrit, avec qui on a commencé les premières démarches envers les maisons d'éditions,

Merci à mon frère Jean Jacques, Hakim, Franck, Meidi, Olivia, mes amis très proches aussi mais ces personnes sont toujours revenues vers moi pour me donner un avis sur ces écrits,

Merci à ma mère qui a relancé le projet,
Merci à vous, oui toi, qui me lis en ce moment sans le savoir. Tu as été la source d'inspiration d'un poème, d'une phrase, d'un mot et de ce recueil.
Beaucoup d'entre vous m'ont inspiré et je remercie Dieu de m'avoir fait part de ce don, celui d'écouter, d'assimiler et d'écrire mes émotions et peut-être les vôtres. C'est ma propre thérapie :

c'est mon remède magique.

Merci à Nathalie de m'avoir offert ce journal intime qui a été le début de mes écritures. Mes amies proches Amine, Mickael, Simon, tous mes frères, tous les Jean lol, qui sont une énergie positive pour moi, ma famille aussi, Potatoes, la ff pas de mars bien sûr : il se reconnaîtra ; mon Zizou, Mélanie, Ismo, la liste est longue, ceux pour qui j'ai écrit : grand merci à vous.

Dépôt légal décembre 2023
ISBN : 978-2-490873-27-2
www.fougue-editions.fr
France

Printed in Great Britain
by Amazon

37612795R00098